如果你過日子的態度是

把每一天都當成新生命的第一天，

那麼，

你將可以快樂地享受每一天。

正面思考

是邁向快樂的起點

快樂

是邁向成功的起點

改變思考之前

先改變你的思考SOP

正面思考是一個起點，

隨時可以被開發的起點。

　　很多人想改變環境，渴望擁有理想生活。然而不切實際的空想卻往往讓人在不知不覺中承受痛苦。幸福生活不是來自於我們認為該享有什麼、得到什麼，而是要做對什麼。

　　觀察世間法則可以發現，無法得到幸福的人，總是重複地犯錯、惹事。麻煩絕不會憑空而降，歸咎原因就在──消極思維。負面思考會一而再、再而三地把痛苦帶進生活裡。

思考的力量無極限，

但若總往負面思考，

一樣可以讓生命窒息。

正面思考者懂得感激
負面思考者輕視他人

正面思考者對人友善
負面思考者對人狡詐

正面思考者仰慕好人
負面思考者仰慕有錢人

正面思考者舉止合宜、說話得體
負面思考者猜疑妒忌、失禮無賴

正面思考者體現真與善
負面思考者體現虛與偽

正面思考者會傾聽他人聲音
負面思考者不尊重他人意見

正面思考者行有餘力做好事
負面思考者汲汲營營佔便宜

正面思考者隨時想著不傷害人
負面思考者得到機會就會背叛

從一個小孩提升到年輕人或是成人，這種改變叫做典範移轉。當典範移轉、態度改變時，我們的思想也會跟著改變。

　　今天，人們會因愚蠢的計畫，而陷入思考泥淖；人們會因為學習方法不對，在學習上走了冤枉路；人們會因只想著求名逐利，而造成觀念偏差。

　　你想要一部昂貴的汽車，卻不想付出高成本的油錢；你想要跟夥伴們同心一致，卻又怕在對方面前丟臉而不敢掏心；你想吃速食解饞，卻又怕胖。這些快樂與痛苦之間的疑惑、衝突都是似是而非的實例，讓我們的日常生活無法過的平衡自在。

　　我們必須以正面思考迎接生活，在這本書中我將提供40個簡易的方法，讓你培養出正面思考的習慣，最終體會真正的快樂。

1 親愛的，
給自己一個微笑吧

人類善於思考的天性，使我們能在困境中找到出路，可惜，人們卻常常自作聰明扭曲它。

其實，思考單純的人較容易獲得快樂。反之，思考複雜曲折的人，則離快樂越來越遠。

沒有太多物質包袱的生活方式，更容易得到自由自在的快樂。然而產生慾望以後，一旦失去所擁有的一切，不禁得不到快樂，甚至會產生怨恨。

有些人樂於分享，卻也有些人見不得別人好，看見別人好的時候，善妒之心容易出來作祟。

有些人喜歡與人結伴，樂於助人；卻也有些人遇到事情不順時處處為難他人，相互推卸責任。

人們常常做不到一件事，那就是——笑臉迎己，給自己一個燦爛笑容。

38% 的男人一起床後就去上廁所
42% 的女人一起床後就去上廁所
15% 的男人起床後馬上刷牙
34% 的女人起床後馬上刷牙
5%　的男人起床後喝水
1%　的女人起床後喝水
8%　的男人起床後會馬上看電視或是聽收音機
1%　的女人起床後會馬上看電視或是聽收音機
76% 的癮君子早餐前會抽菸

然而，卻沒有人起床後會對自己大聲說嗨。你可曾在早晨時對著鏡子裡的自己說：

　　試著在鏡子前給自己多說一點好聽話，儘管鏡子裡的你膚色暗沉、頭髮凌亂、口氣不佳，甚至還有皺紋……
　　千萬不要害怕對自己說這樣的好聽話，因為你正要開始改造這張臉，讓它變得更漂亮、更有魅力。
　　　　　（如果自己都不敢看，那還有誰願意看這張臉呢？）

人類可以被分成以下 **4** 種類型：

> 第一類 我錯了，而且你也錯了。
> 第二類 我錯了，但你對了。
> 第三類 我對了，但你錯了。
> 第四類 我對了，而且你也對了。

第一類：怪自己也愛怪別人

這一類的人總是帶著負面思考，喜歡怪罪別人，他們認為別人沒辦法把事情做好。

這類型的人看不起別人，但其實他們也很常責怪自己。他生性優柔寡斷，缺乏面對現實的勇氣，在負面思考的強大影響力之下，他們抱持著「壞事一定會發生」的悲觀想法。

第二類：怪自己卻懂得欣賞別人

這一類的人有著滿滿的自卑情結。這些自卑情結來自於童年時父母親友不斷的責備，不管他們做了什麼，總被認為是錯誤的。

缺乏關愛的結果，他們缺乏自信，總自認不夠好、不夠聰明、不值得被愛，這些負面想法成為大人標記在他們身上的標籤。還好，他們還不是全面性的負面思考，仍可看到世界美好的一面。

第三類：自我欣賞卻常常怪罪別人

這一類人比第二類人的負面思考程度還嚴重。他們每天睜著眼睛盯著別人在做什麼，全力挑剔別人，看不起他人且批評他人。一旦事情進展不順，就快速地怪罪同伴或小孩。這類型的人終其一生將會孤獨到老沒朋友，就算有一些朋友，也是同類型的朋友，聚在一起時便以挑剔、批評別人為樂。

第四類：懂得自我欣賞也會欣賞他人

這一類的人是有福氣的，對世界總能用欣賞的角度面對。他們從小就被父母親教育「要保持積極態度面對人生」。

他們不一定身在寬裕的環境中，但肯定是受到良好的家庭教育，被教導要保持本性、愛護環境、愛動物。被教導明辨是非，更最重要的，他們知道如何面對負面思考，不讓生活受到影響。

他們被教導該怎樣解決問題，而不是訴諸武力與傷害；他們被教導要懂得感恩，他們的父母親給了好榜樣。由於他們從小有這些生活體驗，這類型的人長大後很容易懂得正面思考，懂得什麼是知足。

對孩子來說，我們可以從各個角度持續地給他們正面思考的能量，例如看電影、聽音樂，玩遊戲等等，責備與打罵都不是創造正面思考的好方法，當小孩一天天長大，教育他們的方法就應該盡量正面、有建設性，而不是用暴怒、厭惡、沒耐性的負面做法。

　　這些認知很重要，因為大人常常不自覺地表現出情緒勒索及非理性的言行，等到自己察覺時，孩子早已留下不可抹滅的印記。

如果生活有好的開始，
那就會持續好下去。

如果想要有好一點的人生，
我們就要對事物多一點正面思考。

想的正面一點，
說些正面的事情，
每天強調好的事物，
人生自然就會更美好。

你每天早晨看見的自己，
是哪一種表情？

是哭喪著臉、無精打采？
是緊張兮兮、眉頭深鎖？
還是充滿能量、嘴角自然揚起？

你希望自己是哪一種表情？
而你會想跟哪種人交談？

2 你的心
是座美麗的城堡

我們的腦波呈現四種波型：

1. **β** 波（頻率在12.5~27.9赫茲間）：
   在學習、工作、日常生活的狀況中。
   如果做的是更嚴肅的思考，則頻率會升高到30
   赫茲以上。

2. **α** 波（頻率在8~13.9赫茲間）：
   小孩或大人處在很舒適的快樂狀態下。

3. **θ** 波（頻率在4~6.9赫茲間）：
   睡覺或是完全放鬆的休息中。

4. **δ** 波（頻率在0.1~2.9赫茲間）：
   這是在沒有作夢或是深度冥想的睡眠狀態下，
   就像靜坐、禪定（進入高度集中冥想狀態）。

—

　　學習了解我們的心，或是訓練我們的大腦並不是一件需要特別學習的事。任何人都可以透過好的心靈訓練控制情緒與思考。

　　訓練心靈讓我們了解生活的藝術，藉由學習，用意識巧妙地解決問題。大腦可以激發我們在工作與生活的無限創意。

　　因為我們的大腦不是容量有限的硬碟，他有著無限的記憶體，因此大腦處理創造性思考比任何電腦都要快。

　　在早上上班前，或是晚上睡覺前集中精神試試心靈訓練，可以讓我們的生活更加美好。

做事之前，先讓大腦專心。

冥想不僅僅是放空去想。

大多數的正面思考者的冥想是 ——

集中精神，創造意識。

3　發現你身上的美好

我們的大腦意識存在著5種感官：

1.眼睛 —— 視覺
2.耳朵 —— 聽覺
3.鼻子 —— 嗅覺
4.舌頭 —— 味覺
5.手和皮膚 —— 觸覺

當我們透過這五感去感受任何刺激時，經驗便被記錄在大腦中。每當我們需要他們時，這些經驗可以被召回，成為記憶。有時，我們可能不希望看到那些記憶，可是他們還是會如當初一樣，原音重現。

每當我們聽到充滿回憶的那首歌時，就會感覺到心碎與情緒的觸動。而當有些人聽到歡快的曲調時，他們會歡喜雀躍地想跳舞。那首歌擁有讓他們快樂起來的能力。

正面思考的起點是從記錄正面想法開始。

如果我們每天都接收到不好的事情，大腦也會充滿消極思想，慢慢地讓我們進入不快樂的生活裡。

就像電腦中毒一樣，大腦也可能被一些壞思想汙染。

如果我們不斷地累積這些錯誤思想，那些負面消極就會助長不良行為。

因此當負面思考進入你的生活，你唯一可以責怪的只有自己，因為——是你允許他進入的。

假設有兩種人，過著類似的生活步調，可是做法卻是完全不同。

**一個是早上醒來，瀏覽好笑的影片，
睡覺前會聽著輕快的歌曲。**

**另一個則是早上醒來就聽著令人心碎的歌曲，
睡前則是看著主題強烈甚至暴力的電影。**

你可以猜測，
這兩個人的生活將有多大的差別！

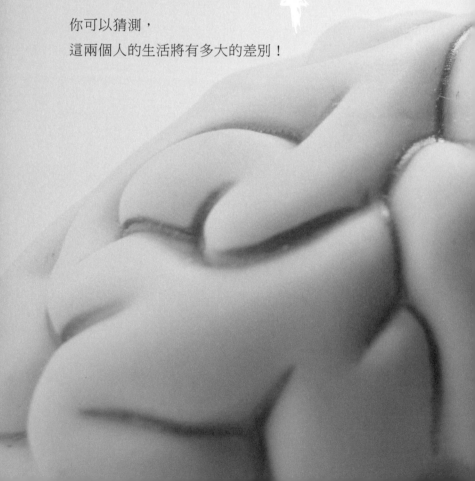

表面上看起來，
他們只是喜好不同，
但真正的好事情
卻容易發生在第一個人身上。

第二個人更容易傾向──

負面思考且**不快樂**。

4 每日待辦清單

如果一個人餓過頭，當他走進超級市場，他最可能
做的就是亂買一通。

在一個像超級市場這種可以提供眾多商品的地方，
可以確定的是，除了需要的東西外，你還會買很多
不需要的。

但，如果你把需要的寫下來，通常就可以有效率的
降低亂買率。

　為什麼人需要訂定代辦清單、購買清單、每日目標、年度計劃呢？因為世界是充滿驚喜的，若不仔細訂下清單，很容易便被外界的驚喜給拉走，最後才發現庸庸碌碌過後，什麼都沒達成。

　人是溫柔又聰慧的動物，隨時都有靈光一閃，也因此，更容易影響原先訂定的目標與方向，生活中充滿意外，當意外發生，也未嘗不是好事，容忍偶爾的插曲，也是邁向成功的必經之路。

如果可以有個
明確的目標，
那我們就不會迷失！

每天早上在開始工作之前，
寫下你今天的目標，並且試著完成它。

（設定合理的目標可以讓你
減少負面思考和不良影響，對吧？）

5 早安！晨之美

1-3歲　　的孩童每天需要1200大卡的能量

4-6歲　　的孩童每天需要1450大卡的能量

7-9歲　　的孩童每天需要1600大卡的能量

10-12歲 的男生每天需要1850大卡的能量

13-15歲 的男生每天需要2300大卡的能量

16-19歲 的男生每天需要2400大卡的能量

10-12歲 的女生每天需要1700大卡的能量

13-15歲 的女生每天需要2000大卡的能量

16-19歲 的女生每天需要1850大卡的能量

每個人都應該從吃早餐來開始他的一天。當我們的大腦獲得了燃料之後，運作的效率會提升許多。所有醫學相關的書籍都勸大家要吃早餐，因為人體需要能量去開啟正常的運作，大腦也不例外。

我們的身體需要充電

補充失去的能量

就跟電池一樣

　　讓身體充電最好的方式是：首先，睡眠時間至少6至8
個小時；第二，三餐均衡的攝取五大類的食物；第三，
每天喝大量的水；最後，找到身體習慣的方法活動五種
感官。

這些方法非常簡單且實用

記得

有健康的生活就有快樂的人生

懷抱好心情用餐！

我們每天為了生活，
努力念書、工作，
我們需要充足的能量，
使身體發揮最大效能。

健康又均衡的早餐讓你充滿

POWER!

6

你快樂，
於是我快樂

讓別人因為你而開心笑開懷，是一種無比喜悅的成
就感。而這小小的成就感，恰恰是你迷人、可愛、
善良的小小報酬。這將使社會擁有一個美好的善循
環。

「散播歡樂、散播愛」是一項充滿想像力及創造力
的能力，快樂是具有傳染力的，這不僅能創造一個
愉快明亮的氣氛，更能提振團隊士氣，形成一個積
極向上的環境。

讓別人快樂能帶給你未曾預期的
三贏局面

當你思考了新的東西，並且迫不及待地告訴你的朋友，進而活絡了你的腦袋，這種思考是個紓壓的好方法。

你增進了你的社交能力。讓對話內容變得有趣，吸引更多的注意，並鼓勵更多人分享給他們的朋友。

你幫助其他人獲得快樂，那將使他們擁有「不錯的一天」，而他人真心的反饋也將激勵你自己成為更好的人。

關於「說笑話」，你應該……

01 當服務生在上菜時，不要說笑話，如果他笑了，他的口水很可能噴到你的食物，你肯定不會想要他們的口水的。

02 不要在不對的時候開玩笑，像是葬禮。你的玩笑可能會冒犯到他們，可能會變成你的不幸。

03 當有陌生人一起搭電梯時，不要說笑話，因為他們可能會跟著笑，即便他們覺得這時候笑很不妥。

04 不要在公共場合說有關老公或老婆的笑話，其他的聽眾可能會曲解你的原意。

05 上廁所時不要開玩笑，當你笑的時候你可能會失準，並且弄得一團糟。

「說笑話」指南

01 用一種平易近人的語氣說笑話。當你感覺太嚴肅時，聽眾可能無法聽懂你的哏並且誤解你的意思。

02 議論你的家人是可以的，畢竟你不能在家講，如果你不講出來，你多少會覺得沮喪。

03 你應該要試著先跟會懂你笑點的人開玩笑，如果他不懂你的笑點，你不但會失去自信，你的聽眾也不會笑。

04 當然可以講一些色色的笑話給你的同性朋友，但如果聽眾是異性，特別是當你對對方有好感時，千萬不要開黃腔。

05 可以開自己的玩笑，畢竟你發現其實這值得分享，說完以後不要解釋（讓聽眾自己會意）。

上帝

花了六天創造樹、溪流、
山岳、動物、海洋生物、
水果、蔬食。

上帝

每天朝九晚五工作了六
天，但他把第七天留給
了自己和世人，快樂地
放鬆休息。

因此，
如你覺得疲累、筋疲力竭、
垂頭喪氣、失望受挫還是
感覺耗盡全力已失去動力，
請永遠記得——

停下腳步，
好好休息，
釋放壓力，
為自己重新充個電。

7 耳語
就留在耳邊

81%的壞事會被傳播，

但只有13%的好事會被散布。

人們往往喜歡聽到別人的壞消息，也喜歡分享別人的負面新聞。

這在未受教育的社會中更是如此，

因為這讓他們覺得高人一等。

從沉浸於他人的不幸，獲得幻覺性的短暫快樂，但從長遠的角度來看，這會變成一種可怕的習慣，並顯示在一個人的個性上。

有一個威力強大的自然定律，
叫做「吸引力法則」

簡單來說，我們的想法像一塊磁鐵，
如果我們正向思考，
我們就會在生活中吸引正面的事情。

同理，
當我們負面思考，
也就會在生活中吸引壞事靠近。

所以，不要去說別人的壞話，
如果你用負面的眼光看待別人，
壞事很快就會找上你。

—

Is Good Time!

上 床 時 間 就 是

美 好 的 時 光 ！

別當一個耳根子軟的人，
尤其是當你聽到了一個不好
或是有爭議的議題。

" 如果有人試圖讓你捲入

一個毀謗式談話時，

簡單的拒絕，

或者 就 裝 睡 吧 ！ "

8 世界
就應該被探索

如果想要教孩子游泳，不要擔心他在學習中
被水嗆到；

如果想要教孩子走路，不要擔心他摔倒並弄
傷膝蓋；

如果想要小孩去學習，不要擔心他在學校跟
同學吵架；

如果想要小孩認真工作，不要擔心他們偶爾
工作過度。

這就是人生！
人生起起伏伏，
幸福、悲傷、孤獨及愛情都會輪流來訪，
當他來時，
請放開心胸認識他吧！

—

只有快樂的回憶，不足以構成生活，
只有單色的照片，不足以成為紀念。

如果人生沒有經歷過潮起潮落，
如果料理沒有品嘗過酸甜苦辣，
那麼，
你也只能留在小圈圈裡，
守著空虛守著你。

我們或許不富裕，

但卻可以使想法富足，

從日常的生活體會到更美麗的世界。

一切都沒有改變，

但當我們從不同的觀點出發，

用不同的態度，

這個世界會變得更有層次、更多能量。

9 保持微笑

我們必須在各種情況下都保持微笑。這或許對一個
瘦成皮包骨的人來說很困難，因為年輕時，他一直
是個隨時都笑哈哈的小胖子。
他們很容易發笑、好吃好睡，隨時都很快樂，有著
胖嘟嘟的可愛臉頰。
記住，你的一個微笑可以延長壽命兩分鐘，一個燦
爛的大笑為你的生命延長了另一個五分鐘。

笑沒有任何的缺點和壞處，

他最大的功能是展現幸福和歡樂，

一天一天，

幫助世界變成一個更棒的地方！

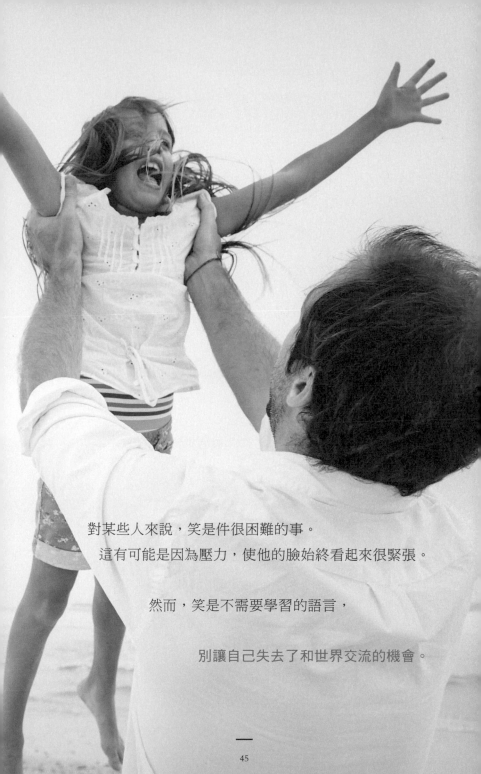

對某些人來說，笑是件很困難的事。

　這有可能是因為壓力，使他的臉始終看起來很緊張。

　　然而，笑是不需要學習的語言，

　　　別讓自己失去了和世界交流的機會。

小嬰兒從不需要學習微笑的弧度，
但是許多大人卻需要特別練習！

Smile!

每天都別忘了笑一個！

孩子很輕易就笑開懷，

但是，

當他們長大以後

這件事為什麼變得那麼難？

10 讓我溫暖你

**西方人習慣透過肢體接觸，
向對方表達善意！**

他們握手、擁抱、親吻對方的臉頰，或是親吻女士
的手背，以直接的行動表現自身，這是西方文化的
禮儀和習慣。

記得嗎？肢體接觸可以被皮膚的神經感知，五覺之
一──觸覺的一些訊息，會被送到大腦儲存起來。

「肢體接觸」除了表現禮儀，還有一個重點，
是從他人獲得溫暖。

有時，身體接觸代表更多意思；
有時，一個擁抱可以傳遞超乎預料的事情。

那是一種**溫暖**及**同在**，
如果人與人之間總是
保持距離、相敬如冰，
那我們該如何**接近**別人？

★ ★ ★ ★ ★ ★ ★ ★ ★ ★ ★ ★ ★ ★

在某些家庭，成員之間鮮少有親密接觸，離開嬰兒期後，父母從來不抱小孩。小孩在沒有親密關係的家庭中成長，這將影響他們未來對家的認知與想像？

手心傳送的溫暖
創造了更親密的關係

在那些將身體接觸視為常態的家庭，孩子能更勇敢自然地對父母暢所欲言。

他們的關係親密且良好

當小孩和家長成為朋友，他們需要向家庭之外尋找的慰藉更少，這些小孩能開放地和父母談論自己的感受。當他們遇到難關，他知道他有可靠而慈愛的父母可以提供建議和支持。

★ ★ ★ ★ ★ ★ ★ ★ ★ ★ ★ ★ ★ ★

事實上，

不只小孩需要這些溫暖，大人也能從親密中得到益處。

試著從每天清早、離家前、每個晚上
以及睡覺前擁抱我們的家人，
開始這親近與緊密的練習。

　　每天擁抱彼此，然後記得，你永遠不會因為太老而不能擁有一個擁抱，這樣的溫情應該世世代代的存在於家庭之中。

★★★★★★★★★★★★★★★★

擁抱你的寶寶——免費，
擁抱你親愛的媽媽——免費，
擁抱你的家人是合宜且免費的。

然而，
許多人透過物質打造幸福，
往往需要花費更多的錢。

告訴你的親人，
你愛他們，
握住他們的手，
並給他們大大的擁抱，
不這樣做，
你就只是個空殼而已，
用你的體溫，
給別人一個擁抱吧！

"

展現你的愛
表現你的感受

"

明明有愛，
但卻隱瞞不說，
將可能是你一生中
最後悔的事。

11 解決問題前，
先瞭解問題

要捉住一隻正在偷東西的猴子，哪種方法最好？

1.以食物當誘餌，誘引猴子，一旦上鉤就拉動繩子抓住牠。
2.使用獵槍射殺猴子，或是對空鳴槍嚇阻猴子。
3.在鐵籠子裡面放著美食，勾引猴子。一旦猴子走進籠子，便把門關起來。

事實上，這三種方法都是錯誤的。這或許是有效的捉猴子方法，可是終究不是最好的方法。

第一種方法，很可能最後猴子動作快到拿了食物就脫逃。第二種方法實在太殘忍，這不是捕捉而是獵捕，槍的響聲或許會嚇走猴子，但最後猴子還是會再回來。第三種方法，或許一次有效，可是猴子是個聰明的動物，牠們只要看到同伴被抓，其餘的猴子就會奔相走告這個警訊，猴子有了警惕，自然就不會再上當。

經驗豐富的動物專家會跟你說：

1.如果你要抓一隻猴子，你必須先了解牠們的行為。

2.解決問題之門，只能靠那隻對的鑰匙。

3.如果你想抓住猴子，你必須比那隻猴子還聰明。

想捉住偷竊的猴子，最簡單的方法是：

1.使用一個細頸的銅製花瓶，或是開口較小的罐子。

2.放根香蕉在瓶子或罐子裡。

3.在猴子偷東西的地方，放下這個陷阱。

　　當猴子想偷香蕉時，一旦想跑還是會抓著偷來的東西不放，這時沉重的銅罐子不會破，且會拖延猴子的速度。而且，猴子畢竟是猴子，不會為了逃命放棄食物。

　　這時，小偷猴子就變得既跑不快又無法爬上樹去，想抓住牠就易如反掌了！

　　如果我們比問題聰明，就能輕易地解決它。

我們必須學會放手。如果什麼都想要，那便是什麼都做不好。我們得先**放慢腳步**。那隻猴子抓住食物後，就緊抓著不放，我們若把大事小事隨時帶著到處走，很快地就會跟猴子一樣，被慾望困住了。

　　我們想要賺更多錢，所以努力又努力，我們沒辦法辨清什麼是「**夠了**」，甚至不曾認為「**夠了**」。

　　同樣的，**名聲、地位**也是一樣。為了這些，我們可以夜夜在派對中狂歡，就怕沒被狗仔看到，少了上封面、登頭條的機會，對不對？

　　追名逐利的陷阱讓人們深陷其中，忽略了生命根本中最重要的東西，像是**家人**跟**朋友**。

　　人們一心想跟隨那些成功的人，然而這些追隨者卻對自己該如何成功一點頭緒也沒有。

無論是猴子或是我們，若不能適時想開，很容易就會被困住。試著把不屬於我們的放掉，過著一個正常的、量入為出的生活，人會變更快樂的。

　　世上沒有不勞而獲，到處都是誘惑，不僅是香蕉，人類社會還有黃金、股票、名氣等等，香蕉是用來吸引猴子的陷阱，黃金是用來吸引物質享受的陷阱，股票是用來吸引貪婪的陷阱，名氣是用來吸引崇拜者的陷阱，如果你想避開許多麻煩，就讓這些隨風飄逝吧！

　　別當那隻想逃跑卻還抓個銅罐子不放的猴子。而且，請記住，**當你被困住時，別人可都是看得一清二楚的！**

別硬要腦子記住太麻煩的問題，
因為大腦可以應付的有限，
就像電腦一樣，
給太多可是會當機的。

試著讓你的身心都自在安適，
那能讓你的外表看起來
比實際年齡年輕10歲！
但別想跟年輕人混在一起，
那會顯得你很幼稚。

可不要當個長不大的老男人啊！

12 愛

你不需要像選美皇后一樣表現出
愛小孩，愛動物的形象，
愛可以讓我們快樂！

愛**野生動物**、愛**植物**、愛**貓**、
愛**同事**、愛**環境**、愛**你的工作**、
愛**讀書**、愛**同學**、愛**陌生人**、
愛**你的敵人**如愛**你的家人**

世間萬物都值得去愛，

唯一的前提是——
不傷及無辜。

不該愛的人，
請保持距離，
不是你的東西，
不可以據為己有。

—

13 不要跟別人比較

「天生我材必有用」，
每個人都有他自己的路。

別擔心別人比我們好或是比我們差，不要浪費時間在這些無實質意義的事。

揣測誰的父親關係好，或是誰的家庭很有勢力，比較這些成長環境的差異，只會讓一個人的情緒更加負面。

無論如何，好壞都是相對的，只要能看透這件事，你就能破解任何表相的比較。

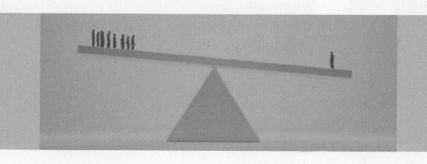

　　有些人比下有餘，好讓自己看起來高高在上，讓自己因為占優勢而更快樂。

　　也有人比上不足，於是又會想找其他新的人去比較，而這樣比來比去，比到最後只會讓自己變得不滿、不快樂，不知道自己要什麼。

不需要透過比較

來找到自己的價值

每個都有自己的長處，

看待朋友也要多看他的優點，

彼此鼓勵、肯定。

這樣的生活才有意義，

14 照顧好你的心

如果我們心臟一分鐘跳60下，一個小時就跳3600下，一天會跳上86,400下，一個月會跳2,592,000下，一年就要跳上31,104,000下，到三十歲時，我們的心臟就已經跳了9億3312萬下。

如果我們活到80歲的話，那表示心臟已經跳了24億8832萬下了，嚇人吧！因此，你必須要顧好你的心臟。

那些無法用心去愛的人，或許是武裝了自己；而那些愛得太隨性的人，自然該承擔起傷心的可能。

人類有兩個世界，一個外在，一個內在。

外在世界，是我們張開眼睛看到的樣貌。這是一個傲慢的世界，充滿著令人分心、上勾的誘惑事物，而這些常常讓我們忘了本性。

內在世界，是我們的本心。這是用我們的心靈之眼所看到的世界，是一個可以讓我們感受寧靜的世界，用的是同樣那顆鼓動著我們的生命的心、同樣那顆可以讓我們茁壯的心，同樣那顆不管眼前有多少阻礙都要我們不放棄的心。

記得跟你的心說聲「謝謝」，這是直到現在都讓你保持快樂、堅強的根源。

愛你
LOVE
YOU

把你的心放在一個盒子裡，
用心呵護她。

↓

心的大小差不多一個拳頭大。
就在胸部中間偏左的地方，
好好地感受她。

用她，
來愛你的家庭、
來愛你的朋友、
也愛你自己。

15 簡單挑戰
愉快生活

生活中充滿各種挑戰,有時我們輕鬆過關,有時我們難以招架。

但既然名為「挑戰」,我們也只能迎戰,不論結果成敗,只有正面對決才能從中得到經驗與教訓。

人生是一系列我們傳授給下一代的故事,希望上一代走過的路可以成為下一代的捷徑,上一代撞過的牆可以成為下一代的經驗值。有的挑戰輕而易舉,有的挑戰難如登天。不管強度為何,那些從前讓我們強大的,也可以化為成就他們的養分。

人生的經驗適用於每個人。

經驗提供我們意見，指示我們方向，
像是探照燈，照亮了前方未明昏暗的路，也激勵我們
繼續前行。

如果能學習到任何經驗中的有效值，並且運用到自
身，讓生活變得不同，那麼便已算是向前人致敬了，也
真正貫徹正向思考、簡單挑戰、愉快生活的精髓了！

我們可以安排時間，

但日月既往，不可復追。

往者不可諫，來者猶可追。

16 過去和錯過

有一位三十五歲的醫生。有一天他在檢查中發現他母親的腹部有異狀。

醫生催促醫院的外科團隊立即進行手術。結果，醫療團隊在他母親的子宮裡發現了奇怪的硬物。

經過徹底的調查，醫療團隊得出的結論是，硬物是胎兒的屍體遺骸，一個和這位醫生同齡的孩子。

事實是，那個在醫生母親腹中的東西，是他沒有一起出生的雙胞胎手足。

那天晚上，年輕的醫生望著落日，他想，他何其幸運能出生，能親眼看世界，沒有被遺留在母親的子宮裡。

他意識到……
他夠幸運能呼吸……
他夠幸運能看到明亮的天空……
他夠幸運能看到夜空……
他夠幸運能看到雨水、大雷雨和閃電……
他夠幸運能夠四處溜搭，還擁有許多朋友……
他夠幸運能開心大笑……
他夠幸運能和他的朋友一起享受生活……
他夠幸運能與同事交談……
他夠幸運能有一份他嚮往許久的工作……
他夠幸運能夠擁抱他的父親與母親……
他夠幸運可以遇到他的女朋友……

然後他想……

他能擁有他的人生，一直到現在，真是有夠幸運。

——

及時

準時

好戲開鑼時

平時

青春時光

美好時光

鬱卒的時候

一切都好的時候

如果我們努力爭取幸福，
會為人生帶來什麼幫助？

重視時間的人，
他們不會隨隨便便讓時間徒然流過，
他們會願意花費所有的珍貴時間，
讓他們的生活——

"快樂、平靜、輕盈"

17 地球的美麗與哀愁

地球有很多面向，有時看起來是殘忍的，有時是美麗的。世界處處充滿幸福，也處處充滿痛苦，世界更可能是貪婪、淫蕩的。

從各種角度看，世界是充滿挑戰的地方，是毫無征戰企圖就想放棄投降的地方，卻也可能是就算用掉所有力氣，也想戰鬥到底的地方。

對某些人來說，這世界有很多值得我們尊敬的人；但在某些人眼裡，這個世界是無聊、悲傷的。充斥著詭詐之人與混亂。

生命沒有回頭路，

你可以選你想看的那個角度，

因為世界每天都是一樣的。

18 你爭贏了，
然後呢？

一對新人結婚幾個星期後去度蜜月。他們決定去海灘，當他們手牽手走在海灘上，忽然間，聽到一個聲音——

「呼嚕～呼嚕～呼嚕～」

太太對先生說：「那隻狗哭得好大聲」，先生想了一下後說：「我覺得那是一隻豬的聲音」，後來那個聲音停下來了。

不一會，他們**又再次**聽到那個動物聲音，「呼嚕～呼嚕～呼嚕～」。

太太對先生說：「那隻狗哭得好大好大聲啊～你不覺得嗎？」先生覺得那不是狗的聲音，說著：「那是豬的聲音，我確定，那不是狗。」

忽然間，他們**第三次**聽到那個動物的聲音，「呼嚕～呼嚕～呼嚕～」。

太太又對先生說：「那隻狗或許需要什麼，才會這樣一直哭喊，你不覺得嗎？」

先生非常確定那不是狗的聲音，先生說：「那真的不是狗的聲音，那是豬。我非常確定。」

這對新人繼續在海邊上散步，當他們**第四次**聽到動物聲音，「呼嚕～呼嚕～呼嚕～」。

那位太太轉向她的先生，雙眼流著眼淚，哭求著說：「那隻狗就在那裡，哭得那麼大聲，你不覺得嗎？」

先生看著他心愛的太太，臉上掛著兩行清淚，他不想讓他的太太難過，於是他說：「是的，親愛的，我想那隻狗確實哭的很慘很大聲。」

到底對我們生活，哪些是重要的？每個人的想法因為思考、觀點的不同而有所不同。很多人甚至未曾想過，他們生來所為何物？為什麼他們要來到世間？

　　這兩個問題的答案取決於人，是誰在問、誰在答，答案差別關乎其心。

　　有些人可能會回答，他來到這世間就是要來當法官，所以必須對每個人都說實話，因為事實就是事實。

　　我們常見父子間出現爭吵，原因只是父親看到黑比白更好，而兒子卻認為白比黑更好。**因為父親擁有較高的權威，兩人意見不合的結果，兒子最後被迫離家出走。**

我們是為了某個特別原因來到這世上？
生活意義是為了追求事實
還是「感同身受」？

　　豬和狗、黑和白、鴨和雞、左和右，有什麼差別？

　　難道我們生來是為了跟我們所愛的人爭個對錯？有時候我們會忘了難過、失意時，是哪些人在身邊支持我們？

　　當我們生病被送到醫院，有多少人會來關心、照顧我們？

　　會來的都是至親好友，沒有其他不相熟的外人會跟我們一輩子相處在一起。

我們或許都忘了，快樂這兩個字還是存在於這個世界上。快樂，是一條道路，可以讓我們終身追尋。

沒有人會築起圍牆阻止你享受快樂。只有你自己會阻擋自己，你可能會找不到快樂之門，因為你不知道怎麼做。

現在就試試，找看看你的快樂在哪裡？

Try it

花點時間跟快樂在一起，
你會發現，
其實生活中充滿了快樂啊～

你不用執著於

那到底是豬還是狗。

狗都沒你累

也不用追究為什麼

人們老是吵架？

狗從來不會在乎

人們到底在想什麼。

狗有自己的生活，

而且照著牠狗界的方式，

享受得很。

19 觀察與聆聽

人們懂得選擇如何消化眼前的事物。

發生在我們生活的事情，會記錄在大腦裡。就像
有很多影片，放在那裡讓我們挑選。全憑我們的意
見。如果我想要快樂，會選那些快樂的片子，或是
羅曼蒂克的喜劇，讓腦袋放空。

這就是我們讓自己快樂的方法嗎？

有些學識淵博的人會提醒我們，
如果常看血腥、打鬥的影片，
容易變得暴力嗜血，
這或許不是正確的。

我們是有意識的人，
我們在做壞事之前，
會再次提醒自己。

然而，當我們失去理智，
很可能會變得靠潛意識思考，
可能會在無意中
透露出一些殘酷的東西。

我們可能會選想做的；
我們可能會做想做的；
我們可能會選我們想看的。

———

注意
好的
事物

我們來到這個世上，
打開眼睛、耳朵，
看著、聽著。
有很多事物，讓我們快樂或不快樂，
而決定權操之在己。

20 閱讀

有許多有知識的人
被稱為「學者」或是「教授」。

這世上有很多這樣的人，
這些學者的共通點是——閱讀量驚人。

閱讀是自我進化的最快方式，你不可能踏遍全世
界，更不可能穿越古今，唯有閱讀能讓你跨越時
空，感受異地、異時的時代風土，讓你的內心因
學習新知而震動。

你有沒有發現，我們對身邊的小事很了解，像是：誰失業了、誰劈腿了、誰懷孕了、誰甩了誰之類的……

我們會卡關，不懂得如何讓自己的生活更好、讓自己成功。所以只能把視線所及的小事當作目標。

我們或許跟所謂的「學者」沾不上邊，但是古人有云：「書中自有黃金屋」，愛閱讀雖不一定能致富，但卻能讓你獲得心靈的富足。

好書來自於好的想法，

而不是好的印刷機器。

21 轉個身，
家永遠都在

人雖然是孤身來去，但卻是群居的動物，如果沒
有家庭的支援，如何能快樂地生活？如果我們受了
傷，轉個身，家人總是在你身邊。

每當我們疲憊不堪，沒有多少人是真正可以依靠
的，對某些人來說，真正的快樂或永恆的快樂，或
許就是要建立一個快樂的家。

—

　對一個快樂的家庭來說，有一個守則是所有成員都該遵守的。

家庭成員必須提供好的事物，
來維持一個快樂家庭。

　沒有什麼複雜的規矩或是金錢數字的規定，只要大家都將善意投注到家庭，盡力維持家的正能量，就能擁有一個快樂家庭。雖然不會只有好事發生，但你永遠不會孤單。

22 現在和禮物

英文字「**Present**」有兩個意思,一是現在,一是禮物。這兩個同音字跟佛教教義裡說的「善用每一天」和「活在當下」,有著異曲同工之妙。

這兩句話都告訴我們要在當下活出快樂,而「當下」正是每個人得到的禮物。畢竟,不是每個人都可以從現在的生活中活出快樂來。

唯有能連結「當下即是永恆」,你才能以廣闊的思緒接納所有的不解與不安。

PRESENT

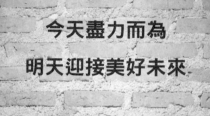

今天盡力而為

明天迎接美好未來

23 感謝你給的美好

一名老戰士每天清晨都會爬上山，去向他的師父致敬。他以劍執行對師父的崇拜儀式。自從他的師父過世後，他天天這樣做。

他這樣做是因為他的師父教他如何使劍，多年來，他不懈怠地這樣做，因為他有股由內心所發出的熱情。

人生每一個階段，都可能有一位導師引領著你前進，或許是學術知識的累積，或是心靈的成長，他們不知道自己的一言一行激勵了你，但你知道自己一生都會感謝他。

感謝那些獻出善意的人。
感謝那些付出真心的人。

偉大的戰士，
不是百戰百勝的人，
而是懂得感激、回報感恩、永不背叛的人。

很多人靠著背叛、陷害才得以事業成功，
除非上帝要他們這樣做，
否則叛徒永遠不會成功。

24 你要去哪裡？

計畫一個旅行，我們會知道終點在哪裡，知道哪裡是對的方向。

但若一開始沒有規劃，將很難達到目的地。

生活裡處處都會發生故事，可是我們總是忘了這些已發生的故事對我們的重要性，如果我們注意到，很可能會發現這裡面有著千載難逢的好機會。但實際上，這也很有可能是生活裡的陷阱。

很多大學生上了大學都還不知道自己到底在讀些什麼。也不知道他們到底能學到什麼，是自己想讀還是只是遵照自己的父母的期望？或是跟著朋友或是別人的意見？顯然這些大學生根本不知道自己的人生目標是什麼，他們就像隨便上了一班火車，不知道火車到底要開往哪裡，也不知自己該在哪裡下車。

眼前有一條怒河，
如果我們往下跳，
就是隨波逐流。

如何能經得起河流的衝擊？如果我們不知道該何去何從，只是隨波逐流，又怎知終點是個危險的瀑布呢？

如果我們的生活也是漫無目的、走在一條不見天日的黑街上，很可能我們就會掉到洞裡而受傷。

隧道盡頭的那束光，是我們在漆黑中唯一可循的聖光，讓我們從這個陌生的黑暗逃脫的唯一途徑。就算只是小小的光源，它的價值就如同北極星一樣，指引著在叢林中跋涉的探險家與冒險家，可以從黑暗的夜晚找到正確的方向。

　　漫無目的前進的人找不到正確的方向，所以也無法判斷他們正在走的路，是導引他們邁向成功或是迷宮。

　　就像有人為了怕火車跑班，急忙地跟著朋友糊里糊塗上了火車，結果上了車，還是搞不清楚自己這班火車，會開往何方。

　　對自己生活沒有熱情、對自己該學什麼沒有想法、對該找什麼樣的工作又挑東挑西，先停一下，想想自己的目標，一旦你想通了，你就會看到隧道盡頭的那道光，就像是北極星一樣。那便是你一直在找尋的明燈。

有時我們的生活
需要指引。

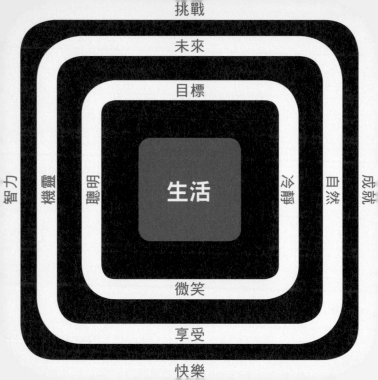

如果你年輕時就試著寫下你的生活目標，你會發現你真正要的是什麼，而且在旅程的開始，就知道該在哪個方向著力以達到你的目標。

　　人生目標不僅經濟上要有安全感，在教育成就、幸福感、職涯、家庭，甚至對社區的回饋都要兼顧到。

　　如果你在教育上設定目標，你就必須用功努力讀書，盡自己最大力量然後才能達到你的目標；如果設定的目標是幸福，你就必須追求，然後才可能找到幸福。

———

25 瞄準目標

很久很久以前，有一隻笨驢子，牠每天無所事事，就這樣一天度過一天。有一天這隻笨驢子漫無目的地走進森林，牠在路上遇到一隻猴子。

驢子問猴子：「你在做什麼呀？」

「我在收集過冬的食物，冬天就要來了！冬天一來，積雪很深，我們會有好幾個月都無法到外面去覓食。」猴子回答道。

那隻笨驢子沒在意這些，牠只是不停地走，走向森林深處。而同一時間，猴子和他的家人則是同心協力地在收集過冬的食物。

當冬天來臨時，大雪覆蓋大地，森林裡的動物都撤退到他們自己準備的避難所，那裡存夠了食物，讓他們可以過上好幾個月。

只有狀況外的笨驢子，不知道酷寒的冬天會讓萬物凋零，可憐的驢子沒有避難的地方，沒有食物，每天的雪愈下愈大，驢子可以吃的草地都被雪給覆蓋，土壤都被凍得硬梆梆。

不久過後，這隻驢子就死了。

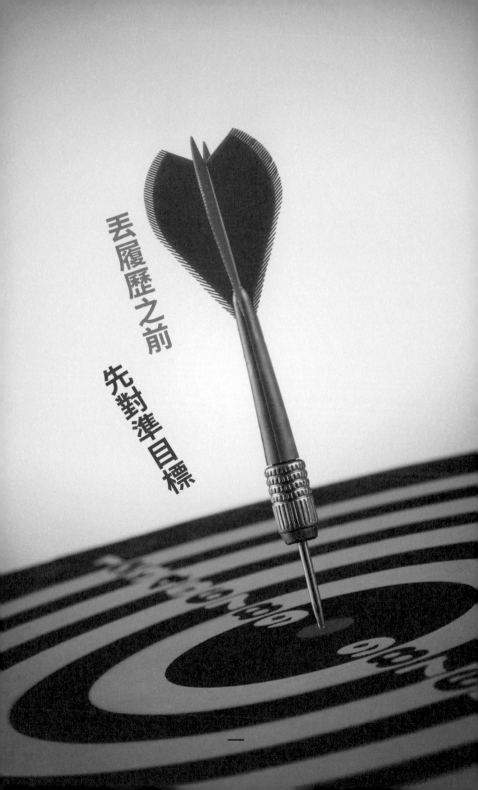

對某些人來說，

工作就等於生活，

人要生活就得要工作。

經營生活是拯救自己的好方法。

　　工作如果沒有原則、策略、靠點小知識，就像靠直覺在過日子。直覺可以讓我們活下去，可是那是在原始生活，住在森林裡過得像野生動物一樣。

　　身為人類，我們應該用比直覺更偉大一點的方法，我們稱之為智力。有了智力，讓我們可以增加知識、能力。

　　如果我們工作上懂得善用策略、知識、專業、技能、歡樂與愛，我們便可以在這個競爭激烈的社會中生存，並且快樂地生活下去。

26 貫徹快樂

一天有1440分鐘，86400秒。在這86400秒裡面，
每天至少留住10秒的快樂時光。這樣，一年裡你
就會有3650秒是快樂的。十年，你就會有36500秒
是快樂的。

等你到了50歲，你會擁有182500秒的快樂，這等
於是每部長1～1.5小時的電影，你擁有了33部電
影。如果我們都可以這樣想的話，我們的生活是不
是會更快樂些？

只要我們覺得生活是輕鬆的，他就不會是艱難的。如果我們知道生活裡有那些問題，我們就該問問自己，是否知道生活是為什麼而活，是為那些他人，或是為自己？

　　是否知道我們該多愛自己一點，還是多愛別人一些？是否知道我們的生活價值是為了那些正在尋找幸福真諦的人？你可以在生活裡的每一刻尋找這個答案。

快樂
可以是用生命來實現。

快樂
出現在早晨醒來時、當我們呼吸、觀看、聆聽、感覺、吃東西時、甚至是聞到賞心悅目的味道時。

快樂
發生在有人照顧我們，
或是我們去照顧人的時候。

—

快樂在哪裡？
什麼是快樂？

每個人對這個問題的回答都會不同，
因為快樂感是因人而異的。

做你想做的
你就會感到快樂

當我們知道夢想的那一天

就是你最美好的一天

—

如果害怕遺忘，
就拿筆寫下。

在不久的將來，
這或許對你和你的人生
都很重要，

記錄美好，實踐美好，
好事自然能成真！

27 健康與照顧

想像一下，我們都有一個雙胞胎，名叫「健康先生」。健康先生，走到哪就跟到哪，我們是老大，健康先生就像個跟班兒，你做了什麼，後果都是由他在承擔。

如果我們吃了健康食品，健康先生就會很健康；如果我們運動，健康先生就會很結實有型；如果我們喝酒，健康先生就會醉了變得不健康；如果我們不運動，健康先生就會變的像弱雞；如果健康先生病的很嚴重，他會死，我們也一樣會跟著他死去，因為我們是雙胞胎，彼此牽動連結、互相影響。

到那時，
我們才知道健康是無價的，
但為時已晚。

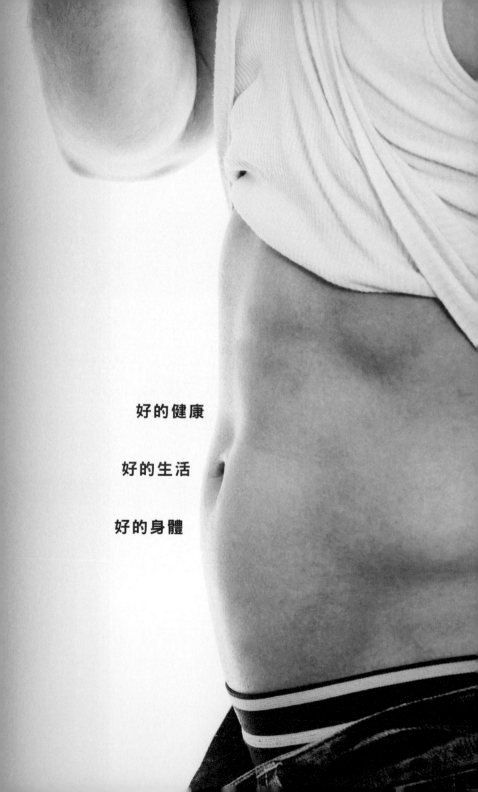

好的健康

好的生活

好的身體

以前，很多人都為了賺大錢而忽略了健康，結果為了保住健康，又把賺來的錢都拿去繳給醫生，繳給醫院及藥廠。

　　如此不停循環，永遠不會得到真正的財富和健康。

　　所以，何必為了賺錢而忘了照顧自己的健康呢？

―

28 原諒與忘記

想想看，為什麼要生氣？
因為對方講不聽、誤解、委屈、受傷？
首先，生氣是拿別人做錯的事懲罰自己，
再者，你自問，生氣能解決這些狀況嗎？
答案是不能。

無法解決問題，卻會讓情緒暴怒影響精神，
最終將你推向負能量的深淵。

我們要鍛鍊心志，學會堅忍不拔，
讓自己透過冥想、自我意識，能有自知之明。
壞脾氣會讓我們失控，
失去正常處事的準則。

如果我們學會原諒，

我們將不會被拉進

愚蠢、錯亂的循環裡。

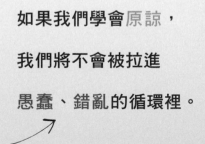

一般人總免不了會有以下這些情感反應：

愛、貪婪、憤怒、慾望

這些都很正常。

如果我們要避免這些情感反應，我們得先學會如何擺脫憤怒，並且開始學會彼此原諒。當你學會寬恕，你會活得比以往更快樂。

29 時間與價值

一旦我們設定好目標，就得盡全力達到。
在往目標的路上，有任何事情阻撓你，
都是「無聊」，別理它！

或是有任何不利於我們的，
也一樣把它當成「無聊」。

無聊的意思就是──
浪費我們的時間、攪亂我們的心靈、
甚至浪費我們的錢。

為什麼有些人就是能成功？
就是能跑得比別人快？
原因就在——
他們不會浪費時間在無聊的事情上面。

66

錢跟時間

哪一個比較重要？

這是千古不變的命題。

你心中有你的答案，

但他是否不曾改變？

99

30 選擇與愛

有些人對自己讀的科系沒興趣，有些人不喜歡自己的工作，這必然是一連串考量之下的決定，有時候是沒得選，有時候是做取捨。

在面臨選擇之間，先靜下心問問自己：選了不喜歡的這個，未來會不會因此後悔？未來會不會以各種藉口迴避？未來會不會感到痛苦？

其實沒到未來，我們不會知道答案。但是你得把最糟的情形想過一次，然後你才能積極正向的面對你的選擇。

很幸運地，有些人知道自己喜歡什麼工作，知道想成為怎樣的人，學些什麼。同時，也有人不知道喜歡什麼，想成為怎樣的人，所以他們日復一日，過著漫無目標的生活。

　　來找出自己喜歡的東西！
1. 回顧過去，並且想想到底什麼才能讓你高興。
2. 想想你現在正在做些什麼，你快樂嗎？
3. 想想你的未來，下一個十年，你想做什麼？

　　找出你真正想做的事的方法，就是——
　　傾聽你心裡的聲音。

最幸運的人就是
可以去做自己想做的事的人！
你也可以成為Lucky Guy

你可以的！

Just try it.

31 長得漂亮與
活得漂亮

當我們穿著整齊得體，

我們可以看到一個更美的世界。

當我看到自己好看的樣子，心情也會變得更好。當
然，我們生活也會變得更好。

過去，我們總是為了別人而穿，但是從現在起，我們
應該為自己而穿。只有能愛自己的人才可以讓自己變
得更快樂，不是嗎？

每個人都喜歡看美好事物，

所以，為自己裝扮，

然後散發你的美麗氣息給其他人。

Beautiful

能夠察覺別人的美，

是因為你的內心也充滿美。

32 誰知盤中飧
粒粒皆辛苦

在地球人口爆炸的今日，糧食供給不均已經是無法忽視的問題，如果你知道地球的某端有人因為糧食短缺而生命垂危，你還會浪費食物嗎？

這世上沒有理所當然的事情，想想食物到達我們手中之前，對抗了多少大自然的狂暴與無禮，經過了多少人的腦力及勞力，只要想到這些，你還會不珍惜每一餐嗎？

在資本主義社會裡，金錢變成生活一切價值的衡量基礎。我們用它來衡量成功，衡量每一個人可以賺到多少。

因此，賺錢成了許多人過日子的方式，為了錢每天辛苦的工作。很多人為了錢、寶石或是有價值的資產，顯得貪婪無比。他們不惜中傷同事、背叛公司、洩漏公司機密，只求可以得到報酬。

如果我們回想從出生到現在，
用掉了多少物資、產生了多少垃圾，
心中自會燃起感恩的心情。

懂得感恩的人
是天生的好人

享受你的食物
珍惜你的生活

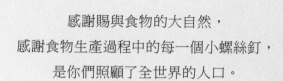

感謝賜與食物的大自然，
感謝食物生產過程中的每一個小螺絲釘，
是你們照顧了全世界的人口。

33 甜美與浪漫

我們應該給生活多加一點甜味，給家人多一點愛，給朋友多一點讚美，不一定要等到特殊場合或節日，只要心中有愛，任何時刻都是記錄幸福的日子。

甜食可以讓人心情愉快，甜言蜜語可以讓人心花朵朵開，美好的關係更可以讓人穩定成長。

每個人都喜歡生活多點甜頭，那是在平凡、一成不變的生活中，最撫慰人心的小確幸。

我們隨時可以為生活調味！

試試看，給我們所愛的人，來點浪漫的粉紅泡泡，
讓平淡的生活更加甜美。

生活不乏酸、苦、辣，
唯有甜不嫌多，

現在就多加點甜味，
讓我們的笑容加倍。

34 因為有你，
我變得更好

請計算一下，你每天交談的人有幾個？朋友需要我們，正如我們需要他們一樣。如果你愛著某些人、關心他們，那就做點事情讓他們知道。

不要把這種心情放在心底，告訴他們你在想什麼，問候他們，並且讓他們知道你關心他們。能把自己的心意傳達出去是一件很舒暢、很滿足的事，接受到這份善意的朋友，也會打從心底感到溫暖。

—

如果你愛著某人，卻從未讓他知道，他從頭到尾都不知道你對他的情感，也不能有所回應。

這樣什麼都不做，對我們的生活有什麼好處嗎？

牽著手

我們一起走

有你真好

不管你是大人或小孩，有人牽著手一起向前走，都比自己踽踽獨行來的好。

當你獨行遇到低潮時，沒人可以鼓勵你；當你獨行感到寂寞時，沒人可以陪你聊聊。

如果我們有朋友、同事、老闆、家人、另一半、子孫陪著，縱使他們沒有辦法實質幫上什麼，至少有人可以說說話。

**在這世界，
沒必要活得那麼孤單。**

——

35 施與受

同事的情誼是很獨特的，我們每天都會說說話，每天都會交流腦中的創意。

雖然只是同事，當我們疲累時，他們會幫忙cover；雖然只是同事，但我們的工作是1＋1大於2的。

好同事讓我們可以實現腦中的計劃，好同事讓我們可以發揮無限的潛力，好同事是互相加分的，如果少了一方，這份革命情感是無法成立的。

船	與	河流
老虎	與	叢林
買家	與	賣家
老闆	與	部屬
孕婦	與	助產士
加害者	與	受害者
牧師	與	福音
臉盆	與	水
祖母	與	孫子
重物	與	擺輪
樹木	與	土壤
精神患者	與	心理醫師
刀子	與	砧板
候選人	與	選舉
每個人	與	彼此

36 謝謝你 存在我生命中

當你收到某人寄給你的賀卡時，你會很高興有人記得你，或許你是他們生命裡很重要的人。相同地，當你寄賀卡給朋友，他們會高興，也會認為他們對你而言是重要的人。

**情誼便是如此建立起來的，
而這樣的付出可以讓生活更美好，
不是嗎？**

如果我們想成
為別人眼中重要的人，
那就讓別人先成為
你眼中重要的人。
因為，我們所付出的一切，
同樣的愛與感覺，
都會回報到我們身上。

祝你星期一快樂
祝你星期二快樂
祝你星期三快樂
祝你星期四快樂
祝你星期五快樂
祝你星期六快樂
祝你星期日快樂

HAPPY TO YOU

蠟燭

對生日蛋糕是重要的！

稱讚

對失意的人是重要的！

欣賞

對勤奮的人是重要的！

鼓勵

對沮喪的人是重要的！

{ 當你想對某些人說些話，
請先確定時間是否恰當。 }

37 開始與結束

在電影《三百壯士》中，有一段劇情講述一位老兵帶著他年輕的兒子上戰場，為國殺敵。很不幸地，在沙場上殺敵無數的老兵，看到自己的兒子在戰場上被敵人殺死。

老兵悲痛欲絕淚流滿面地，跑回戰場上，和其他士兵合力把他的屍體抬回。

—

戰爭結束後，老兵強忍悲傷，每個在戰役中的人都替他失去兒子感到悲傷。雖然打勝仗，但那個晚上並沒有任何慶祝活動。這是一個完完全全安靜的夜晚，每個人都被沉痛的悲哀所淹沒。

當每個人都在悲傷中，失去兒子的老兵說話了，他說：「今天是我生命中最悲傷的一天，我的悲傷不是因為失去了兒子，我悲傷的是，打從他出生到現在，我都沒機會讓他知道我有多愛他。」

在這資訊發達的世代，

不論是透過電話、郵件、訊息、Facebook、Line……

請別害羞，

把握機會向你愛的人告白，

不要徒留遺憾。

在我們還沒變成無感的人之前，

趕快做吧！

38 每個瞬間都是永恆

有人喜歡山林，有人喜歡溪流，有人喜歡大海，有人喜歡土地。

如果我們欣賞大自然之美，大自然就會回報給我們無窮極的美景。不只如此，如果我們懂得欣賞自然之美，也會體會人類之渺小，並且學會珍惜每個瞬間，把握當下。

最有福氣的人，不是那些最有錢的人。

他們樂於見到陽光，他們樂於呼吸清晨新鮮空氣，他們樂於聽到鳥兒歡唱，他們樂於享受健康早餐，他們樂於沐浴更衣，他們樂於活著，也樂於分享快樂。

有福氣的
是那些快樂的人

有福氣的人
是快樂的，因為
他們充滿了良知

有福氣的人
不汲汲營營

有福氣的人
不吃安眠藥就可
一覺到天亮，
帶著微笑醒來

有福氣的人
可以從每天平凡的
事物中找到快樂

—

如果你們可以看見朝露之美，
你會在生命裡發掘更多快樂。

如果你能從生活周遭感受到美，
你是個具有正面思考能力的人。

而且，
當你愈懂得正面思考，

你也愈能掌握快樂的方法

39 生命是流動的

當你感到有壓力，很可能你對某些事情或問題陷入
沉思。研究發現，解決壓力問題最好的處方並不是
藥物，而是運動。

運動對年紀或性別並沒有限制。只要體能可以，你
可以做任何動作。有些人會打籃球，有些人會踢足
球或空手道，或是練習瑜珈，擊劍或跳繩。不管是
哪種運動，只要適合你的年紀和個人喜愛都可以。

—

整個來說，運動可以讓你

1. 有好的血流量。

2. 有好的心率。

3. 增加腎上腺素，一種天然的化學成分可以讓你快樂。而且不用花錢。

4. 得到一個更好的身形。

5. 降低膽固醇。

6. 獲得更多的能量。

7. 看起來更健康。

8. 擁有更強大的免疫力。

9. 擁有更好的肺功能。

10. 認識新朋友，一起為健康努力。

40 做喜歡做的事

愛支持著我們，就像水支撐一棵樹一樣。如果樹沒了水，它會死去。人失去了愛，就只是行屍走肉。

愛鼓勵我們，可以活在和諧之中。每當我們孤獨時、離開我們的親人時，只要看見他們的面貌，自然就會想微笑。只要想想他們，就足以讓我們高興。

愛
跨越種族、性別、地域、物種、年齡。

愛
可能發生在
一個人跟一條魚
一個人和一隻貓
一個人和一盆多肉植物
一根湯匙和叉子
一部汽車和方向盤
一隻熊和鮭魚

甚至還有人會與自己的肚臍發生感情
只因為他每天都帶著它
這就是人們說的
愛的小圈圈（？）

我們可以選擇自己想要的方式過日子，

不管你選了哪條路
就要過的充滿愛，
而且要愛你所選。

愛你所選

和

選你所愛

做你愛做

對於行動，我們總是有那麼多藉口，

藉口應該拿來證明我們的選擇。

試著不要找藉口，

去做你喜歡的，

說不定可以完成

你從來都覺得做不到的事。

愛你想做

對於不想做的事情，

同樣也會有很多藉口。

對於我們正在做的事情，

可以輕易找出一百萬個理由說不想做。

但是當你愛你所做時，

所有麻煩都會迎刃而解。

這全都取決於你的心態。

正面思考

可以為你的心打開一扇窗，就像每個硬幣都有兩面，我們看待生活也要看其兩面——正面與反面，才可能活得更好。

正面思考

可以教導你，不管發生什麼都有它好的一面，甚至那些痛苦的經驗，一樣可以讓我們得到教訓，而因此讓我們更強大。

有正面思考的你，不必得成為有錢人、不必得成為研究生、不必得有份工作、不必得有部車、不必得結婚生子，任何時候、任何狀況、不必擔心荷包多寡，每個人都可以積極思考，從現在起，沒有任何事情可以阻撓你。

幸福快樂

一樣可以在不需要任何條件、狀態、理由下擁有。

快樂

是一種簡單的狀態，每個人都可擁有。生氣的人不容易快樂、快樂的人不容易生氣。每當我們感到有點失控、每當我們快要發脾氣、每當我們口說粗話，或是覺得忌妒、失望，這都是吃掉自己福氣的表現。

那些喜歡八卦、評論別人的人，就像把仇恨指向對方一樣，這種逞一時之快的行為，可能產生負面情緒，殊不知這只是利用指責別人的弱點，來掩蓋潛在的自卑情感。

人生大事之
思考的起點

作　　者／丹榮‧皮昆（Damrong Pinkoon）
譯　　者／吳素馨
美術設計／倪龐德
內頁設計／林家琪
特約編輯／張沛榛
執行企劃／曾睦涵
主　　編／林巧涵
董事長‧總經理／趙政岷
出版者／時報文化出版企業股份有限公司
10803 臺北市和平西路三段 240 號 7 樓
發行專線／（02）2306-6842
讀者服務專線／0800-231-705、（02）2304-7103
讀者服務傳　／（02）2304-6858
郵撥／1934-4724 時報文化出版公司
信箱／臺北郵政 79 ～ 99 信箱
時報悅讀網／www.readingtimes.com.tw
電子郵件信箱／books@readingtimes.com.tw
法律顧問／理律法律事務所 陳長文律師、李念祖律師
印　　刷／詠豐印刷有限公司
初版一刷／2017 年 6 月 9 日
定　　價／新臺幣 250 元
行政院新聞局局版北市業字第 80 號

時報文化出版公司成立於一九七五年，並於一九九九年股票上櫃公開發行，
於二〇〇八年脫離中時集團非屬旺中，以「尊重智慧與創意的文化事業」為信念。

40 Ideas For Positive Thinking by Damrong Pinkoon
© Damrong Pinkoon, 2015
Complex Chinese edition copyright © 2017 by China Times Publishing Company
All rights reserved.

人生大事之思考的起點 / 丹榮‧皮昆 (Damrong Pinkoon) 作；林淑燕譯. 初版
臺北市：時報文化, 2017.06 ISBN 978-957-13-7023-1（平裝）
1.成功法　2.樂觀　3.快樂　177.2 106007503